まえがき

　巨人軍が日本シリーズで西武ライオンズを下して日本一になったのが平成６年。

　巨人は、いわゆる「国民的行事」の10月８日対中日決戦で、この年ＦＡで入団した落合が15号、松井が20号等４ホーマーを放ち、投げては槙原―斎藤―桑田の豪華３本柱が中日打線を３点に抑えて６対３で勝ち、リーグ制覇を果たした。この勢いは日本シリーズでも止まらず４勝２敗で西武を破り、10月30日には巨人ファン待望の銀座パレードが行なわれたのであった。

　あれから５年が経過。

　そして今年、ようやく日本一奪回の夢が現実のものになろうとしている。

　江藤、工藤がＦＡ入団。メイ、河本の左腕補強、加えて松井はもとより２年目、３年目の若手の技術・体力の向上等々……今年はここ数年来で一番戦力が強化され、また、各人の意欲も最高に充実していると思われる。

　機は熟した。今こそ全選手一丸となり、日本一奪回

まえがき

に燃えてベストを尽し、是非とも巨人ファンの切なる願いを実現してほしい。

　……この本は、こうした再びの日本一パレードを熱望する一巨人ファンの巨人応援イラスト集である。

目　　次

まえがき …………………………………………3

1. 攻撃陣 …………………………………7

2. 投手陣 …………………………………23

3. 監督 ……………………………………35

4. 巨人歴代監督と主な出来事 ……………39

あとがき…………………………………………42

1. 攻撃陣

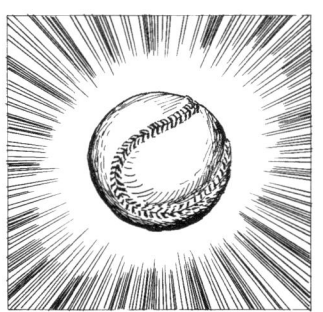

1. 攻撃陣

恐縮ですが切手を貼ってお出しください

１１２-０００４

東京都文京区
後楽 2－23－12

(株) 文芸社

　　　　　ご愛読者カード係行

書　名			
お買上 書店名	都道 府県　　　市区 　　　　　郡		書店
ふりがな お名前			明治 大正 昭和　　年生　　歳
ふりがな ご住所	□□□-□□□□		性別 男・女
お電話 番　号	（ブックサービスの際、必要）	ご職業	
お買い求めの動機 1. 書店店頭で見て　2. 当社の目録を見て　3. 人にすすめられて 4. 新聞広告、雑誌記事、書評を見て（新聞、雑誌名　　　　　　　　）			
上の質問に 1. と答えられた方の直接的な動機 1.タイトルにひかれた　2.著者　3.目次　4.カバーデザイン　5.帯　6.その他			
ご講読新聞	新聞	ご講読雑誌	

文芸社の本をお買い求めいただきありがとうございます。
この愛読者カードは今後の小社出版の企画およびイベント等の資料として役立たせていただきます。

本書についてのご意見、ご感想をお聞かせ下さい。
① 内容について
② カバー、タイトル、編集について

今後、出版する上でとりあげてほしいテーマを挙げて下さい。

最近読んでおもしろかった本をお聞かせ下さい。

お客様の研究成果やお考えを出版してみたいというお気持ちはありますか。
ある　　　ない　　内容・テーマ（　　　　　　　　　　　　　　　）
「ある」場合、弊社の担当者から出版のご案内が必要ですか。
希望する　　　　希望しない

ご協力ありがとうございました。

〈ブックサービスのご案内〉
当社では、書籍の直接販売を料金着払いの宅急便サービスにて承っております。ご購入希望がございましたら下の欄に書名と冊数をお書きの上ご返送下さい。（送料1回380円）

ご注文書名	冊数	ご注文書名	冊数
	冊		冊
	冊		冊

	打率	盗塁	本塁打
'97	.304	7	12
'98	.301	16	13
'99	.295	15	8

● 5年目26才
●「強打の2番」をめざす

レフト
清水

1. 攻撃陣

江藤

	打率	本塁打	打点
'97	.252	28	76
'98	.253	28	81
'99	.291	27	79

- 12年目(巨人1年目、広島からFA移籍) 29才
- 本塁打王2回('93に34本、'95に39本)
- 打点王1回('95に106打点)
- 今季 3割 30本を期待

1. 攻撃陣

センター
松井

	打率	本塁打	打点
'97	.298	37	103
'98	.292	34	100
'99	.304	42	95

- 8年目 25才
- 本塁打王 / 回 ('98)
- 打点王 / 回 ('98)

- 2000年の目標は
「50本」と「6年ぶりの日本一」

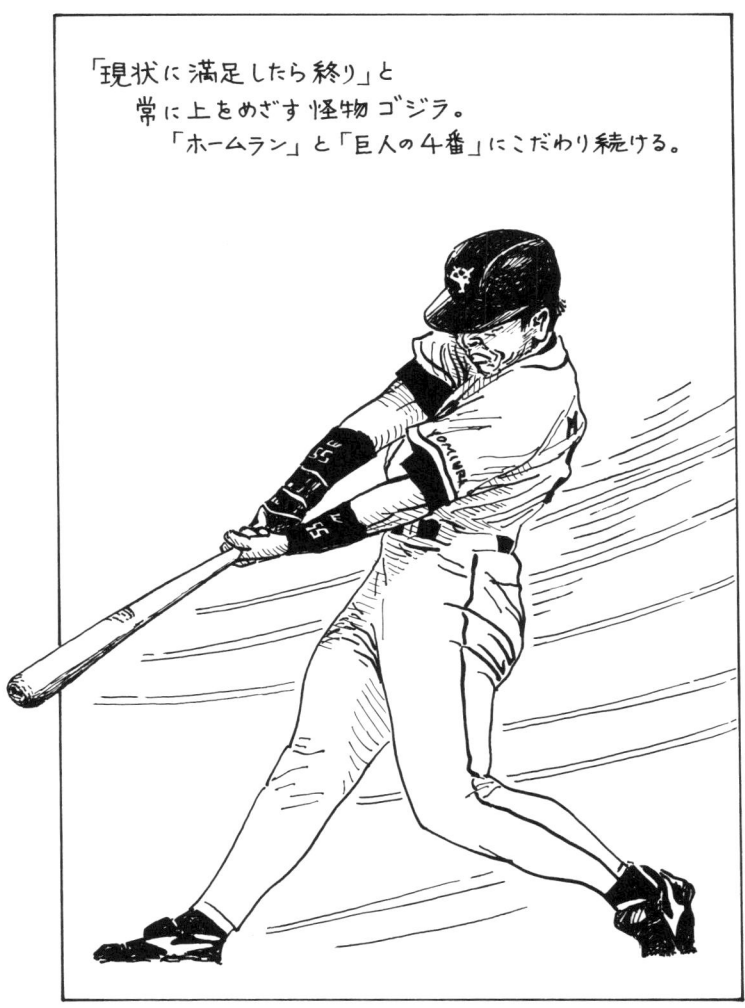

1. 攻撃陣

ライト
高橋

	打率	本塁打	打点	試合数
'98	.300	19	75	126
'99	.315	34	98	118

● 3年目24才
● 目標は135試合フル出場と3年連続3割
（新人の年から連続3割打者は長嶋監督の4年連続が最長）

1. 攻撃陣

ファースト
清原

	打率	本塁打	打点	試合数
'97	.249	32	95	130
'98	.268	23	80	116
'99	.236	13	46	86

- 15年目(巨人4年目) 32才
- '86 パの新人王
- ホームラン 通算397本
- ポジション争いに勝ち 復活を期す

1. 攻撃陣

1. 攻撃陣

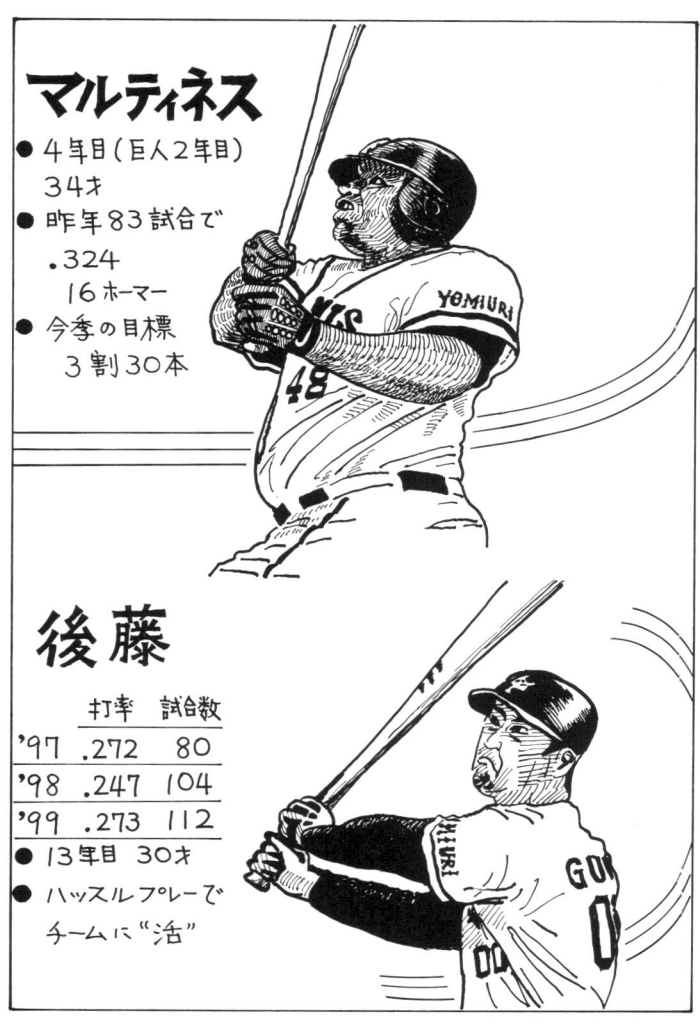

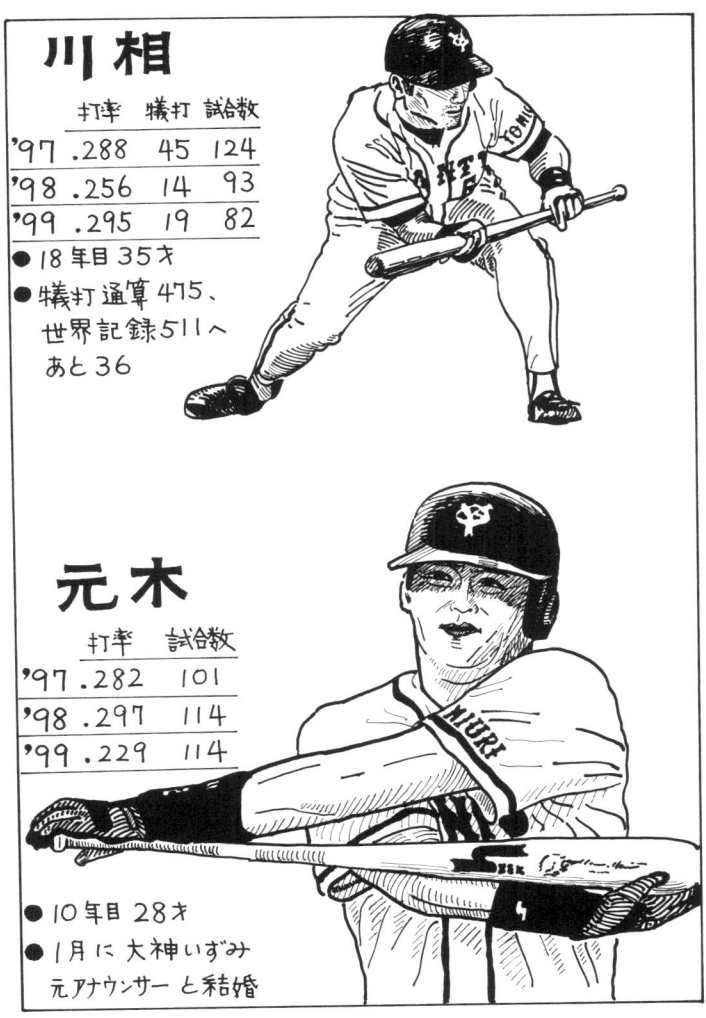

川相

	打率	犠打	試合数
'97	.288	45	124
'98	.256	14	93
'99	.295	19	82

- 18年目 35才
- 犠打通算 475、世界記録 511へ あと 36

元木

	打率	試合数
'97	.282	101
'98	.297	114
'99	.229	114

- 10年目 28才
- 1月に大神いずみ元アナウンサーと結婚

2. 投 手 陣

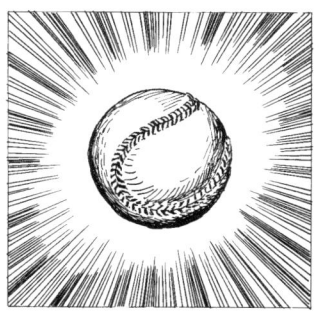

2. 投手陣

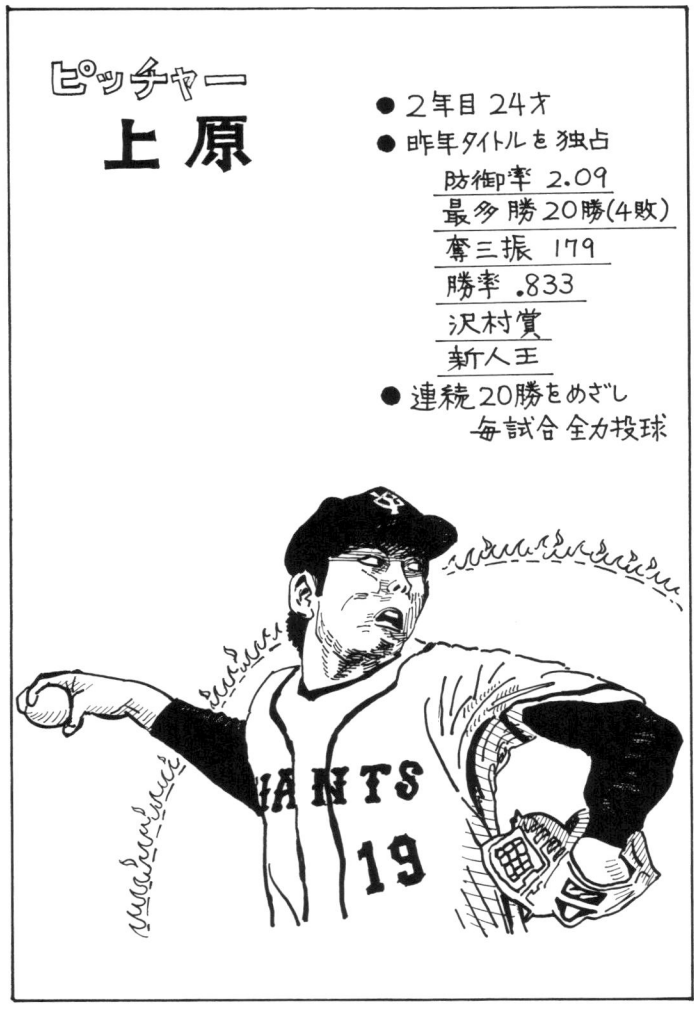

2年目のジンクスは
　　　「雑草魂」で吹き飛ばせ

2. 投手陣

工藤

- 19年目(巨人1年目、ダイエーから FA移籍) 36才
- 昨年パ奪三振、防御率1位

	勝	負	防御率	奪三振
'97	11	6	3.35	146
'98	7	4	3.07	65
'99	11	7	2.38	196

- 通算 162 勝

男の花道

長嶋監督「男の花道を巨人で飾ってほしい」

2. 投手陣

槙原

	勝	負	セーブ	防御率
'97	12	9		3.46
'98	6	4	18	3.98
'99	4	3	23	2.83

- 19年目 36才
- Vに向って 抑えに専念

2. 投手陣

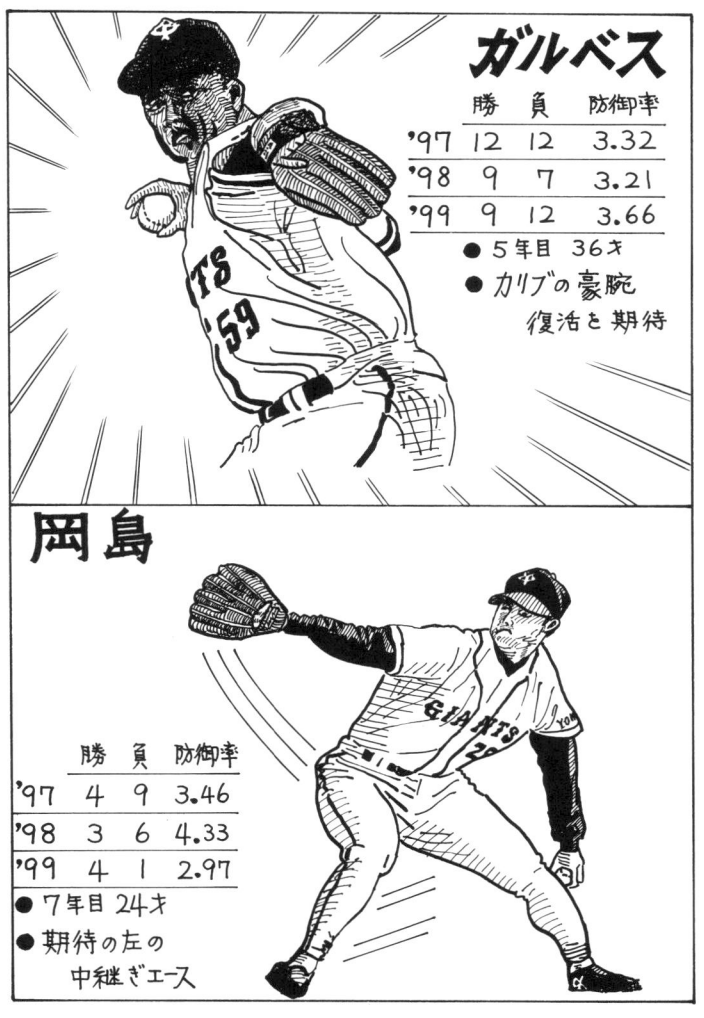

ガルベス

	勝	負	防御率
'97	12	12	3.32
'98	9	7	3.21
'99	9	12	3.66

● 5年目 36才
● カリブの豪腕
　　復活と期待

岡島

	勝	負	防御率
'97	4	9	3.46
'98	3	6	4.33
'99	4	1	2.97

● 7年目 24才
● 期待の左の
　　中継ぎエース

2. 投手陣

河原

- 6年目 27才
- 昨季復調の兆し
  2勝2敗
  防御率4.85
- 今季 完全カムバック
  を期す

柏田

- 11年目 28才
- 昨季52試合に
  登板

- 貴重な左の
  ワンポイント

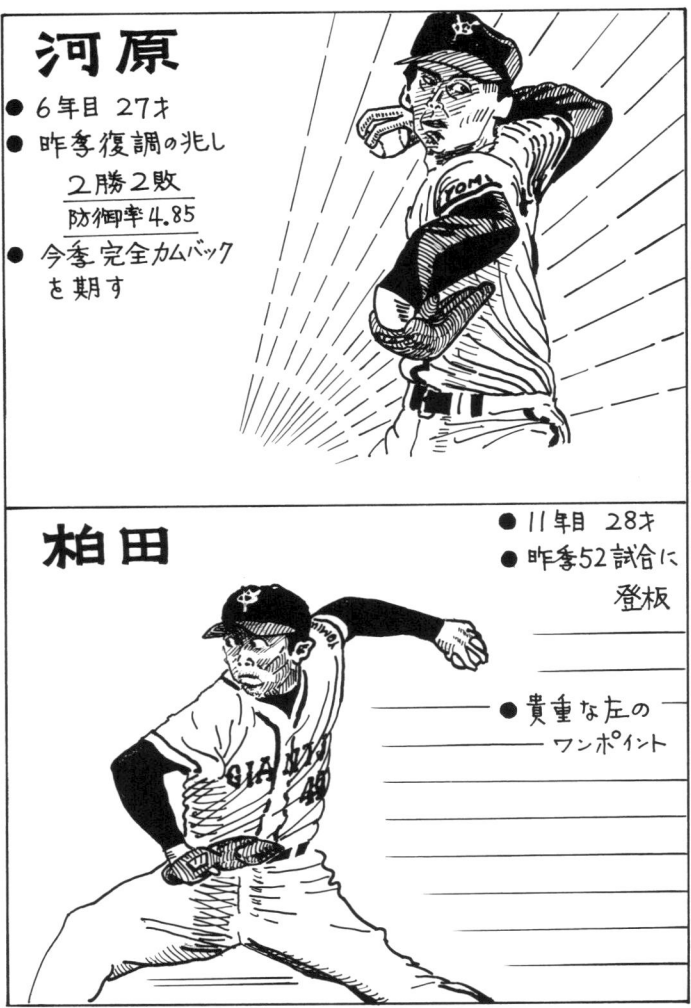

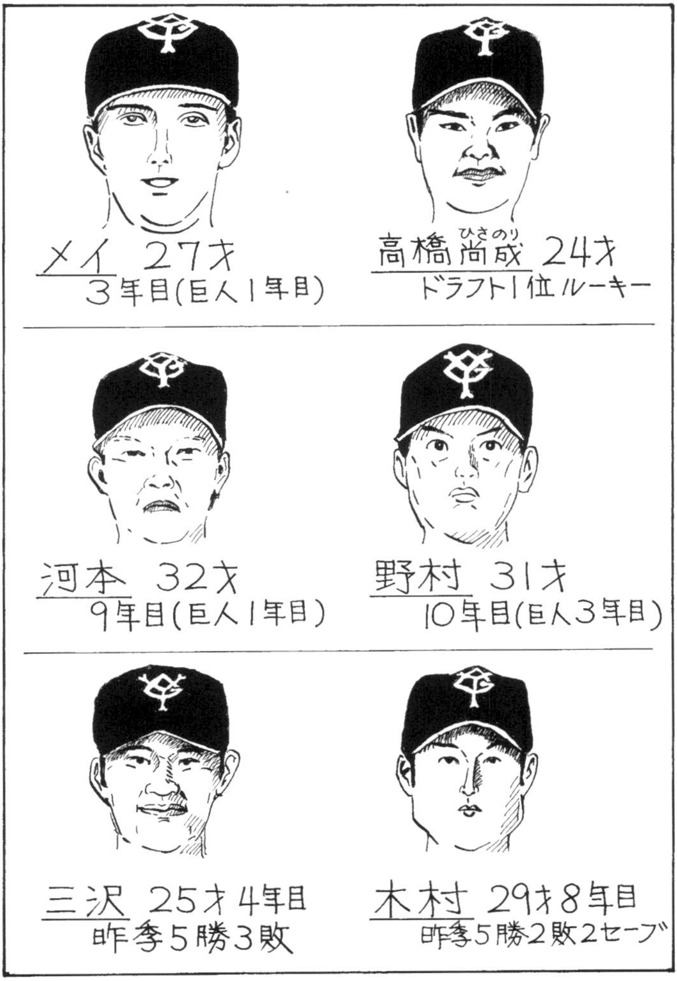

メイ 27才
3年目(巨人1年目)

高橋尚成(ひさのり) 24才
ドラフト1位ルーキー

河本 32才
9年目(巨人1年目)

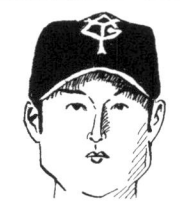

野村 31才
10年目(巨人3年目)

三沢 25才 4年目
昨季5勝3敗

木村 29才 8年目
昨季5勝2敗2セーブ

3. 監督

3. 監督

「優勝の2文字に向って まい進します」

26年ぶりに復活した燃える男「背番号3」長嶋監督

セ・他球団は

- 星野・中日
- 連覇のカギは 投手陣、宣銅烈と サムソンの抜けた穴が埋まるか

- 権藤・横浜
- マシンガン打線は健在だが 大魔神・佐々木の抜けた穴は大きい

- 若松・ヤクルト
- 故障者が戻り、ペタジーニが昨年並の活躍 (ホームラン44本、112打点)をするかどうか

- 達川・広島
- 江藤の抜けた赤ヘル打線 どこまで機動力でカバーできるか

- 野村・阪神
- 星野(前、オリックス)、広沢(前、巨人)ら ベテラン移籍組に期待がかゝる

4．巨人歴代監督と主な出来事

4. 巨人歴代監督と主な出来事

巨人歴代監督と主な出来事

監督	昭和	西暦	出来事
水原	昭25	'50	監督就任、セ・ペナントレース順位3位
	昭33	'58	長嶋入団、川上現役引退
	昭34	'59	王入団、6月25日天覧試合
川上	昭36	'61	監督就任、優勝(日本一)
	昭39	'64	東京オリンピック開催
	昭40	'65	この年から昭48まで9年連続日本一
	昭46	'71	1ドル360円の固定制から暫定変動制へ
	昭49	'74	10月14日長嶋現役引退セレモニー
長嶋	昭50	'75	監督就任、最下位
	昭55	'80	王現役引退(通算ホームラン868本)
藤田	昭56	'81	監督就任、優勝(日本一)
王	昭59	'84	監督就任、3位
	昭64	'89	1月7日昭和天皇崩御、新元号「平成」に
藤田	平・元	〃	監督就任、優勝(日本一)
	〃	〃	日経平均株価 3万8千円乗せ
	平3	'91	バブル経済崩壊
	〃	〃	証券・金融不祥事が続発

長嶋	平5	'93	監督就任、3位
	平6	'94	落合FA入団、槙原完全試合
	〃	〃	10.8優勝（日本シリーズで西武に勝ち 日本一）
	平7	'95	1月17日 阪神・淡路大震災
	〃	〃	4月19日 ﾄﾞﾙ79.75円の史上最高値
	平9	'97	清原 FA入団、落合は日ハムへ
	平12	2000	江藤、工藤 FA入団

あとがき

　巨人にゴールデンボーイ長嶋が入団したのが昭和33年、翌34年には王が入団しＯＮ砲が誕生、昭和40年からは48年まで９年連続日本一となり第３期黄金時代が構築された。

　私が巨人ファンになったのがこの昭和33年だから今年でファン歴は43年目に入る。

　この間、高度経済成長下の昭和42年に社会人となり、狂乱物価やオイルショック、土地・株・金利のトリプル高騰等に一喜一憂し、そして一転、バブル崩壊に伴なう証券金融等の急落と戦後未曾有の経済混乱や破たんを目の当たりにしてきた。

　しかし、モノ皆高騰するという異常なバブル経済にほんろうされて自分自身を見失なった企業・個人が少なくない中、巨人軍は微動だにせずあくまでファンのために、ただ本道を歩むことのみに専念したのだった。

　巻末の「巨人歴代監督と主な出来事」を作成するにあたって、私の自分史を振り返りつつ巨人軍の歴史をさかのぼってわかったことは、巨人軍はＯＮの現役引

退やドラフト制の導入等何度も危機的状況に直面しながら、いつもその時々で最善を尽して突破口を切り開き、常に全力で且つ堂々とペナントレースを展開し、私達に夢と希望と元気を与え続けてくれたということだった。

　2000年秋、巨人軍には是非「日本一」の夢を実現していただき6年前と同じあの熱い涙と感動を与えてほしい。そしていつまでも私達にワクワクドキドキの興奮と感激を与え続けてほしいと願う。

　最後になったが、このイラストのほとんどはシーズン開幕前に書いたものであること、また、内容は私個人のこうあってほしいという理想を書いたものであることを付記しておく。理想が現実となり、近い将来第4期黄金時代が到来することを祈りつつ……。

　　2000年6月

　　　　　　　　　　　　　　　　　奥杉戸　美左男

著者プロフィール

奥杉戸　美左男（おくすぎと　みさお）

1943年、埼玉県生まれ。
'67年都市銀行入行、'99年退社。
巨人ファン歴43年を自任する。

2000年Ⅴ　〜日本一奪回に燃える巨人ナイン〜

2000年9月1日　　　初版第1刷発行

著　者　　奥杉戸　美左男
発行者　　瓜谷　綱延
発行所　　株式会社文芸社
　　　　　〒112-0004　東京都文京区後楽2-23-12
　　　　　　　　　　　電話　03-3814-1177（代表）
　　　　　　　　　　　　　　03-3814-2455（営業）
　　　　　　　　　　　振替　00190-8-728265
印刷所　　株式会社フクイン

©Misao Okusugito 2000 Printed in Japan
乱丁・落丁本はお取り替えいたします。
ISBN4-8355-0643-X　C0071